ISBN-13: **978-1548294403**

ISBN-10: **1548294403**

DEDICATION

管理的最高境界是培养人，老板要把培养人放在第一位。深植员工的使命感，给他一个梦想，并让他与公司的梦想一起奋斗。这样他们每天开心的是，今天我又帮了多少人完成了更健康更美丽的愿望。员工的工作，就有了成就感和幸福感。

伟大的领导者总是明白沟通的重要性，好的领导者必须让部属心甘情愿的跟随你，而不仅仅只是为了薪水而工作。领导是不容易的，有些话在当员工时可以说，成为了领导者就应该避而远之。

当我们在推销一样产品时，如果说出来的东西别人也会说，那你就少了一项优势，以下用一则案例教你，如何成功打中顾客需求！

古人的借镜，可以让我们反省自己细细品味，希望可以给你新的人生看法喔！

CONTENTS

内容

ACKNOWLEDGMENTS

本书结构主要分为：「简洁扼要推销说话术！说出「这些」关键，不怕顾客不买单！」、「公司流动率居高不下，全在于老板所作所为，这六点做到了，员工心甘情愿做牛做马…」、「成了领导者就应该避而远之，绝口不提的 7 句话！」、「诸葛亮和刘备的秘密，看过的人都陷入了沉思　　」，四大部分。作者利用大量图表及例子生动地阐述不可不学的 4 堂关键营销课，利用有趣的案例将观念与实务结合，鼓励读者活用营销管理的知识。内容浅显易懂，文笔简洁有力，是营销管理不可或缺的入门书。

1 简洁扼要推销说话术！说出「这些」关键，不怕顾客不买单！

门店销售的话术很有奥妙

短时间接触就成交的销售，在利益驱动上有很大的作用，特别是那些针对所有门店都想要走一圈的，比较透才能下决心购买的顾客，其实他们不是因为专业，而多走几家店面选购，而是因为在意价格，在他们心目中，价格是重要的成交因素。

昨天聊了专业术语有助于成交，今天聊专业术语是怎样有助于成交的，对顾客起到的作用是怎样表现出来。

「洗脑」一词大家都不陌生，不要把「洗脑」一词定位于传销和直销。相对于顾客来说，购买的许多货物都是陌生的。专业术语在此的作用，相当于给顾客培训加洗脑。

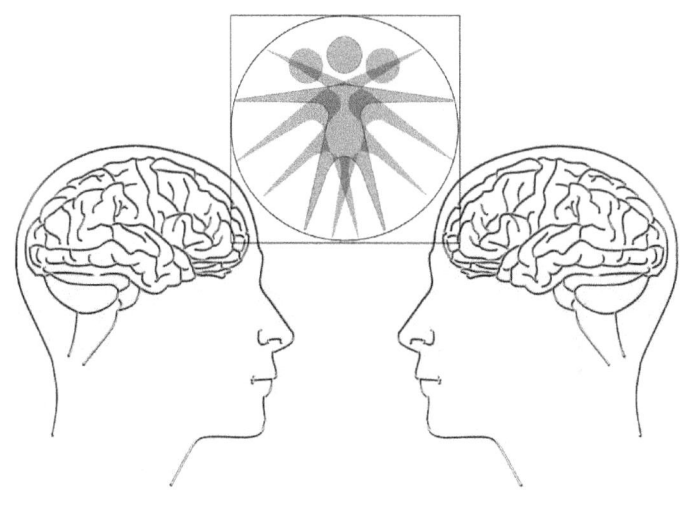

为什么这样形容？举例说明。

今天一个顾客到我门店购买窗帘，因为窗帘不是常购物品，对各种成份的织物店家都不是很清楚，何况是顾客，除了表面上的要求，什么颜色搭配、款式、配件、服务、价格，深层次的顾客需求是我们挖掘的东西。

我要给他"洗脑",灌输一些他陌生的东西,一旦"洗脑"成功,就不怕他跑遍全城,最终还会回来购买。这样讲似乎有吹牛的嫌疑。我是这样做的:看得见,摸得着的东西我不多言,因为每一个门店的老板或是导购都会说,当顾客表现出有一定的需求的时候,我会问一句「你有什么特殊的要求吗?」

顾客十有八九

是出乎意料

根本没想过这个问题

想想看,有谁会是在购物之前会准备回答几个问题,我不会引导他颜色搭配的问题,也不会引导他款式的问题,因为这些是我每一个竞争对手的发力点,没有特殊意义。我引导他的是「需要遮光,还是通风透气」,因为这问题是一般人都不会考虑的,与材料有关,这更容易表现专业,而且也是其他门店认为不重要的问题。

当顾客回答「遮光」后，我会告诉他为什么「遮光」，而且深层次挖掘「遮光」的优点，加上「阻燃、隔热、隔音、免清洗」，都是一些其他店忽视的东西，有些还是被「特殊」过的术语，难道某些「特殊」过的词语其他店铺也能说出来吗，不是人人都有造词的想法和水平。

当你的术语足够打中他的需求，也就是你给他的选购定好了位，他会用这个标准去其他店选购，这样的结果是不是对你有利。当竞争对手没有做过这样的准备，回答不出来的时候，就会对顾客的问题表现出诧异，传递给顾客的信息就是否定的。

这个套路虽然不是灵丹妙药，但针对某一类型的顾客是非常精准有效的，而且这些定位有可能传到他的隔壁邻舍和亲朋好友耳里，更利于转介绍的生意。门店套路都是想通的，都可以借鉴来用，只要把握住一点，「专业」得一定要到位，而且是具有差异化的。

这样的推销术真的很厉害啊！

如果你能直接点出顾客需求

也会让人直接感受到你的专业

2 公司流动率居高不下，全在于老板所作所为，这六点做到了，员工心甘情愿做牛做马…

II 案例

什么？美容师又走了 1 个？

这个月都第 5 个了！

太欺负人啦，我给的工资

比市场价高 500 块，还不知足。

这是发生在北京一个美容院的老板

与员工的一段真实对话。

如今 95 后逐渐成了美业的生力大军，

而他们的去留不定也成了

众多美业老板心里的痛。

如何让自己的美容师不离不弃？

依照邦君的管理思想，

我们这里整理了 6 个套路，

供美业老板们参考。

1. 别让「老虎」当美容师

把合适的人放在合适的位置非常重要。

PDP「行为风格」测试一个人天赋中

最擅长的做事风格。

把人按不同特性归类，

再以 5 种动物来代表：

老虎型、孔雀型、考拉型、猫头鹰型和变色龙型，

每个人都可以用这 5 种动物来归类。

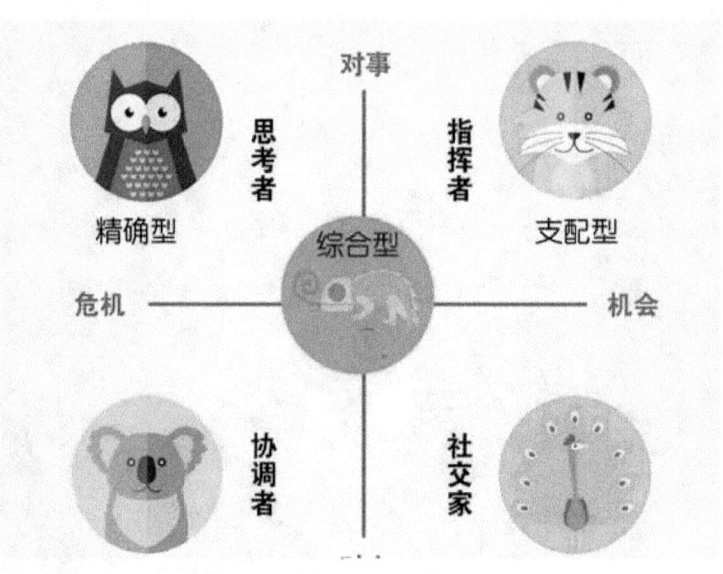

▲ PDP 行为风格测试

比如，猫头鹰+孔雀型的风格，

这样的风格做事喜欢钻研又乐于与人交流，做美容顾问就挺适合。

考拉型最适合做服务方面的工作，因为性格比较温顺、有服务意识。

如果让老虎型做美容师，

就可能会有问题。

那考拉能做一个强势的领导吗？

基本上没戏。

合适的人放在合适的位置，

创造的价值才能更大化。

2. 认可或赞美

人之所以初生时就哭，是本能驱使，这个本能就是获得别人的注意，认可，赞美。

据说，有个关于米饭的实验。

把两碗同样的米饭放在冰箱里，

天天拿出来几分钟，

让人对着一碗溢美之辞连绵不绝，

而另一碗则是恶意咒骂不止。

几天后，被赞美的米饭完好无损，

而被咒骂的米饭则变质发臭了。

实验的真假且不论，

但生物向阳而生却是真的。

数据显示， 69%的员工说，

如果自己的努力能得到认可，

工作会更认真更投入。

除了真诚赞赏，

在众人面前表达对他/她某方面的赏识，

比物质奖励效果好很多。

比如，你从前台路过，

看到员工正在拖地，

你似乎随意的一句话

干得漂亮，

她头顶的天都会变得不同，

为客户服务的更认真了。

3.为员工制订成长计划

很多美容院都有师徒制，

每个人在不同岗位上都有对应的师傅，

徒弟的表现和师傅的业绩挂钩，

一对一指导。

之所以花费这些时间，

这一方面是指导员工的技能的发展，

但更重要是传递给员工一种暗示：

我非常在乎你们！

其实，对于员工来说，

并不在乎上级能教给他多少工作技巧，

而在乎究竟有多关注他。

特别是在众人面前的认可或赞赏，

对他本人或在场其他人，

都会起到激励作用。

4. 团队建设

节日晚会、生日大餐、团队庆功等等，都是团队增强凝聚力的
机会。不定期的聚会可以增强凝聚力，

同时反过来也有助于增强团队精神，

在美容店里营造一个积极向上的工作氛围。

同时，最好再将这些活动通过图片展示、

视频等形式保留，

让这些美好的回忆成为永恒，

时刻给员工温馨的体验与团队归属的激励。

5.赋于员工使命感

让员工感觉不是在打工，

而是和老板一起在做一份事业，

就要给员工赋于使命感。

美业邦 CEO 姜智皓说：

一旦某种使命感在人的内心植根，

就会生根发芽，

就像注入某种神奇的感染别人的能量。

他喜欢把美业使命感传递给同事，

让员工从内心由衷的去帮助美业的人。

于是，销售每天最开心的事不是卖了几套软件，收了多少钱，

他们开心的是收获了美容院老板的信任，得到了老板们对自己公司和软件的认可。

6.给员工一个梦想

什么是梦想？员工大部分是没有梦想的，

你要给他一个梦想。有了梦想，你就站在旁边帮着他去实现梦想。

所以加班累死他都不会找你，

因为你在帮他实现梦想，

给他提供平台。

公司的梦想要和员工的梦想结合起来，

大梦想成就小梦想，小梦想成就大梦想，

老板的梦想和员工的梦想结合起来，

员工是不会感觉到累的。

结语

别再埋怨你的美容师离开你了，

他在你这里得不到成长，

他需要更多的空间，就只有离开了。

你该好好反思一下自己的管理了。

并结合上述六项，好好调整店里的员工管理吧。

3 成了领导者就应该避而远之，绝口不提的 7 句话！

LEAD FROM WITHIN 的总裁暨执行长 LOLLY DASKAL 在《INC.》杂志网站上，谈到了 7 句她认为一个好的领导者，绝不该说出口的话。

1. 因为我说了算

LOLLY DASKAL 认为，领导的工作在于建立团队合作与沟通的文化，用领导者的权威来让人对你顺从，并不是个好方式。

建议：可以改用"这件事我们可以如何处理？"取而代之。

2. 你以为你是谁

伟大的领导者应该充分授权给部属，让每个人得以在自己所长得岗位上好好发挥，所以领导者绝对不能以轻视与看轻的语气对部属说类似的这种话。

建议：可以改用"你对这件事有什么看法？"取而代之。

3. 这不是我的错

领导者必须勇于承担责任，无论是自己的工作，还是部属的表现，领导者都责无旁贷，因此绝对不能向部属说"这不是我的错"这种话，这只会让部属看轻你、不尊重你。领导，意味着你必须承担责任。

建议：可以改用"这件事我来处理！"取而代之。

4. 我不需要任何协助

领导就是要懂得将一群人、一个团队，发挥其最大的力量，没有任何一个人可以强大到完成全部的事情，即便是能力再强的领导者也不可能。LOLLY DASKAL 认为领导者要做的是检视、带领、引导团队成员，一同迈向成功。

建议：可以改用"我们一起来完成它"取而代之。

5. 我不在乎

伟大的领导者，对于公司的大小事一定都很在乎，所以没有"我不在乎"这种事。即使是一件小事，也要把它处理掉。

建议：可以改用"让我们一起集思广益"取而代之。

6. 我太忙了

每个人都认为自己的事情最重要，所以都对别人说自己很忙，如果团队里的每个人都这样，就会变得无法合作、沟通。领导者如果也这样，团队成员一定各个都变得自私，只顾着忙自己的事情。

建议：可以改用"我会安排个时间处理"取而代之。

7. 失败绝不容许

没有人喜欢失败，但是要通往成功，失败一定是必经之路，很少有人可以绕过失败而成功的。因此，领导者绝对不能害怕失败，如果害怕失败，企业就会变得保守，决策会总是趋于那些过于安全的策略，而历史经验总是证明，保守的企业很容易阵亡、被淘汰。

建议：可以改用"大胆想、勇敢冒险、持续学习"取而代之。

4 诸葛亮和刘备的秘密，看过的人都陷入了沉思

▸诸葛亮从来不问刘备：为什么我们的箭那么少？

▸关羽从来不问刘备：为什么我们的士兵那么少？

▸张飞从来不问刘备：兵临城下我该怎么办？

于是，有了草船借箭

有了过五斩六将

有了据水断桥吓退曹兵

赵子龙接到进攻军令时

手上只有 20 个兵收获成果时

已攻下了 10 座城池

多了 2 万兵，增了 3000 匹马军令

只是写着：攻下城池！

如若万事俱备

你的价值何在？

孙悟空是在取经的路上碰到的

猪八戒是在取经的路上碰到的

沙和尚是在取经路上碰到的

白龙马也是在取经路上碰到的

所以要碰到可以与你一路同行的人，你必须先上路！不是有了同行者才上路，是因为你在路上才会有同行者！可惜好多人把这个道理想反了！

狮子看见一条疯狗，赶紧躲开了。

小狮子说：「爸爸，你敢和老虎拚斗，与猎豹争雄，却躲避一条疯狗，多丢人啊！」

狮子问：「孩子，打败一条疯狗光荣吗？」小狮子摇摇头。

「让疯狗咬一口倒霉不？」小狮子点点头。

既然如此，咱们干嘛要去招惹一条疯狗呢？不是什么人都配做你的对手，不要与那些没有素质的人争辩

微微一笑远离他，不要让他咬到你

这个必须看明白，因为许多人正在和疯狗斗！

邮局不努力，成就了顺丰

银行不努力，成就了支付宝

通讯不努力，成就了微信

商场不努力，成就了淘宝

老婆不努力，成就了小三

今天如果你还在抱怨

不去努力

就一定成就了别人！

你不做，别人会来做

你愿不愿意又何妨

你不成长，没人会等你！

ABOUT THE AUTHOR

PENG, PO-YU

Director Of Counseling

Degree：

1.　　Information and Learning Technology，National Chiao Tung University

2.　　Education Psychology and Counseling，National Hsinchu University of Education

Doctor of Philosophy:

3.　　Education，National Hsinchu University of Education

e-mail:yorpong@gmail.com

Major:

E-learning Technology、English Teaching Research、Guidance & Counseling、Human Learning Behavior Research

www.ingramcontent.com/pod-product-compliance
Lightning Source LLC
Chambersburg PA
CBHW051418170526
45165CB00004BA/1875